JN014445

ほぐほぐ てんアン ちゃん

ウィスット ポンニミット

まえがき

人の人生にアドバイスする僕だって 自分にも問題あるし、
スーパーマンじゃないよ。ただ困ってる人にアドバイス
聞かれると、正しい答えを知らなくても 助けてあげたいから
できるだけ答えてみるしかないだけ。

水のコップひとつは普通に持てる。でも手に2、3箱のダンボール、
2、3冊の本を持って、そのひとつだけのコップを持たせると
いつもは簡単に持てるのに、それがすごく大変なことになる。

困った状態はそんな感じ。そんな状態になると、小さなことや
普通に持ってることが全て問題になっちゃう。

そういう時は僕ら人間は助け合う。

コップ持ってあげる。コップ持ってもらう。

本を買ってくれてありがとう。

この本であなたに何かいいことができれば
僕という一人の人間は嬉しいな。

もくじ

飼っていたねこが死んじゃったの

あたり前のことが、実はミラクルだった

ぼくは子どものころから犬を飼って、事故、病気、年、逃げる、いろんなで、
もう７世代ぐらい飼って10匹以上いなくなって悲しいことに慣れた。
あんなに好きな犬たちだったけど、今はねこを飼うようになって、
負けないくらい大好きになった。
10年とか早いから、「このねこもあと何年かでまた死ぬよね」と
毎日思いながら飼ってます。
もう死ぬところが見えちゃって、もうすでに悲しい！
目の前のねこがもうお化けに見えた。
でも、触れる　抱ける　なでなでできる。
その見え方のおかげで毎日抱けることに感謝しながら飼ってる。

真っ暗な宇宙にはなにもいないのに、ミラクルなことに地球は生きてる。
なん十億年の中のめずらしい短い間に
いっしょにいられる時間ができたのはミラクル。
暗い時間を悲しむより、そのかがやいためずらしい時間に感謝しよう。
その方がねこが喜ぶし。
さて、今まわりのいっしょに生きてるみんな
親戚、友だち、好きな人、きらいな人、動物たち、木たち、地球
そして自分のこと　この短いかがやきを感謝してみよう。

友だちが自分の悪口を言っていた

悪口はあなたの想像
本当の私はここ

人の写真を見ると「この人はこういう人なのかな」
と想像する。
芸能人の動画を見たら「この人はこういう性格かな」
と想像する。
道を歩いてる人を見たら「この人はなん歳くらいでしょうね」と想像する。
友だちと話してみたら
「本当は言ってることと違うこと考えてるでしょう」と想像する。
人の悪口だけ聞いて「その人はその悪口どおりの人だ」と想像する。

想像ばかり。本当はなんだ。

想像するのは楽しいけど、自分の想像を信じこまないで。
ただの想像なんだから。その想像にしずむと、自分が想像の世界から出られない。

人の本当の話は、その本人にしか分からない。
人の本当の話は、どんな言葉にされても、
その人の複雑な本当のことを100パーセント正しく説明できない。
ニュースだって、ただ起こったことの一つの部分。
情報だって、それぞれの、言う人の角度からのこと。

人の悪口を言う君は、本当にその人のことすべて分かってる？
悪口を言われた君は、ただ想像されただけだから、想像の世界にしずまないで
本当の世界にいてね。

もし、その言われた悪口が本当だったら、認めていいんじゃない。
「ありがとう」って言って、自分の悪いところをなおそう。

友だちを笑わせたいけど、難<ruby>難<rt>むずか</rt></ruby>しい

君を笑顔にするのは上手じゃないけど、
君に笑顔をあげることなら私に任せて。

笑わせなかったらそれでいいんじゃない。

できないことがどうしてもできないのはあたり前。

できないことができないから自分が悪い、

私はダメって思うことの方がまちがってる。

できないことに夢中になってしずんでも、なにも進まない。

じゃあできることに集中してみよう。

友だちが泣く？私泣くの上手だからいっしょに泣こうか。

友だちを笑わせたくて、自分はお笑いできなくてどうしよう。

じゃあお笑い番組すすめようか。

面白いもうひとりの友だちを連れて会いに行こうか。

できないこと以外、いろんなことができます。

頭の中も、部屋の中もぐちゃぐちゃ

分けて、分かる。

散らかっているってどういうことか、まず意味を分かってかたづけよう。
分けて、分かるんです。

たとえば、
・よく使うものからぜんぜん使ってないものでグループに分ける。
机の上のぜんぜん使ってないものは、どこか手がとどく棚とかにしまおう。
１年、２年たってぜんぜん使ってないし、「これ持ってたね、忘れてた」ぐらい
しばらく自分の愛がとどいてなかったものは、
持ってるより捨てちゃった方がいいことがある。

・大切さで分ける。
頭の中にたくさんのことがあるけど、それぞれ大切さのレベルがある。
頭の中のものだから、分けるのにマインドパワーを使いすぎて
「分かる」前につかれちゃうことがよくある。だからえんぴつと紙を使ってください。
頭の中のこと、なにがあるか、くだらないことでも、ひみつでも、心配なこと、仕事、
なんでもすべて紙に書き出そう。
紙の上に出た頭の中のことを見て、本を読むみたいに読んで。
「考える」じゃなくて、「読む」のだから、
マインドパワーの省エネルギーでつかれなくなる。
そして分けることができる。
くだらないことから大切なことまで分けることができたら、
頭が自動的にいらないものを「捨てる」ことになる。
ご飯を食べて、栄養をとって、いらないものがうんちになるみたいに、自動的。

分けて、散らからなくなる。
そして、キープしてても腐るだけのものは捨ててね。

親友とよべる友だちがいない

親友はだれだって持ってません。
だれだって持ってる一番の親友は自分。

親友はできてもいつか離れる。

いくら親しくても、いつか人生の方向が変わって、親しくなくなる。

気が合う時期があっても、気が合わなくなったり、

都合が合わなくなったりして、「親友」じゃなくなる。

自分は、自分がきらいでも、好きでも、気が合わなくても、そばにいてくれる。

自分こそ、親友である。

話してあげて。

「みんなには親友がいるのに、なんで私には親友がいないの」

という問題だったら、

「みんなはいいもの持ってるのに、なんで私だけ持っていないの」っていう、

人と同じものがほしくてうらやましがる問題だけです。

「親友がいない」という問題じゃない。

「自分が自分の親友」だから、だれにも「親友がいない」問題はない。

「親友がいない」と思うときは、「自分と親しくない」だけ。

話してみてね。

自分と話して、やりたいことをやると自分がかがやく。

かがやいたらまわりもそれを感じて、いい友だちができるかもしれない。

「なにが言いたいのか分からないよ」
と言われる

私の気持ちを分かってくれるのが難しかったなら
私が君の気持ちを分かってあげるからね

逆に考えてみよう。
あなたが聞く人で、相手がなんか言ってて、あなたはそれを聞いて分からなかった。
そして「なんで私が言ってること分からないの」って言われたら、自分が悪いと思う？

ふたりの会話が通じ合わないのは、どっちかひとりの問題じゃない。
相手の言い方があなたに合わなくて、意味が通じないときもあるよね。
だから「なにが言いたいのか分からないよ」って言われても、
まず自分が悪いとは思わないで。

逆に考えてみよう。あなたが言う方。
人間のあなたが、人間の言葉で相手の犬になんか言った。
聞く方に合わない言い方だから通じるわけがないでしょう。
犬が悪いわけじゃない。
相手が犬、って分かってあげて、言い方を変えて気持ちを通じ合わせよう。

聞く気持ちがない相手は、なにを言っても聞いてくれない。
この場合、時間をおいてからもう一度言ってみよう。
時間おいて、そっちの気持ち変わったかもしれないし、
こっちの新しい言い方思い浮かぶかもしれないし。

「なにが言いたいのか分からないよ」って怒る人は、
こっちに愛をくれる余裕ないだけだから、ゆるしてあげよう。
そして今度、相手の話を聞いて分からないときは、
「なにが言いたいのか分からないよ」と言わないで、
言ってる人の気持ちを分かってあげて、やさしく質問しよう。
それがいい会話になる。

どうしても速く走れない

何もてつだうことになってないけど、
君はいるだけで私にパワーをくれてる

飛びたいのに羽がない人間の私はダメなやつだ。
いや、ダメなのは君が人間であることじゃなくて、
「人間の私はダメだ」っていう考え方がダメです。

君ができることをしよう。
飛びたいなら、飛行機乗ろう。チケット買えるように働こう、など。
自分に羽がついてないのを怒らないで。
自分のどうしてもできないことはできないと認めて、
できることを大切にしよう。

みんなをてつだってあげたい気持ちがあったら、
「私がやりたいこと」じゃなくて、「私ができること」でてつだおう。

たとえばベッドを運ぶことをてつだいたい。
でも君は小さい女の子で、ベッドを運ぶ力がない。
ベッドを運ぼうとすると、ベッドを持ってるみんなのじゃまになるだけ。
でも、「自分のできること」、部屋のスペースをクリアにすること、
近くにいるお兄さんをよんでてつだってもらうこと、
いろいろ役に立つことがあります。

君しかできないこともあるって、気づいて、それを大切にしよう。
なにもしない、笑顔で応援するだけの方が役に立つこともあります。

空気を読まないといけない
プレッシャーがある

ときどき、自分と違うクラブをのぞいて
いいこともある。

同じ空気の中にいる人たち、実はいろんな人がいるんです。
その空気が好きでそこにいる人もいたり、
その空気がいやだけど、そこにいるのが一番いいと決めて、そこにいることにした人もいる。

その空気にいるのがいやで80ポイントつらいけど、そこにいないと「あなたはダメな人」とか言われて、もっと多い100ポイントもつらいから、いやでもそこにいることにした人もいる。その人は自分で一番いいと思う選択をしてそうしたんだから、それを認めてあげてください。
自分も、いやなことであってもそうすることにしたのは、「これが一番平気に生きられる」と計算してるんでしょう。
ダメって言われて100ポイントつらいより、70ポイントいやなことでもがまんした方がいいって自分が決めたから。それを認めてください。それで30ポイントもトクしたし。

どういう選択にするか自分で決めて、結果を認めて、人生を学んでください。

世界中すべて、みんなが同じ考え方、同じ生き方じゃないから
それぞれ自分が平気でいられる部屋にいる。
でも自分の部屋ばかりにいると頭がぐるぐる回って暗くなるから、ときどき外に行って太陽にあたって、いやなことでも出会って、自分の部屋にいるより意外な、もっといいことに出会ったりするのは、人生の学習だと思って認めてください。
そうした方が人生の力が広がるんです。
部屋を出て冒険して、ちょっといやなことでも出会って、学んで、自分の部屋に帰って充電するのはちょうどいいでしょう。

ぼくの意見だけど、法律でもルールでもないなら、べつに好きな空気選んでその空気にいてもいいんじゃない。
そのプレッシャーの中にいるのは、だれのせいでもなく自分が選んでいるだけかもしれない。
だれかがかけたのじゃなくて、自分が作ったプレッシャーだったと気づいたら、自由にその空気から出てね。

好きなものをバカにされた

「きらい」を持つより、
「好き」を持つ方が幸せ。

そういえば昔、ぼくも、大好きな「マンガ」をバカにされてたな。

もう大人なのにって。

大学のとき、みんなの目から、そして自分からも大好きなマンガをかくした。

好きなのに、バカにされたくないから

みんなに認められそうな違うことをやるようになった。

でも、そのみんなが認めるやつをやっても、なかなかうまくできなかった。

暗くなっちゃって、家に帰ってひとりでマンガを描いてた。

認められなくてもいいから

とにかく描いたマンガがおかしくて、ひとりで笑ってた。

その１年後にマンガ家としてデビューした。

今ではお母さんも認めてくれてる。

君の「バカにされた」ことがなにかは分からないけど、

なにかを「好き」と思う自分は笑顔になる。かがやく。

どろぼうとか、みんなをこまらせるのじゃなければ、自分の幸せに自信持って。

人それぞれ「幸せ」が違うだけ。

人のことをばかにする人は他人の心に愛が足りないだけ。

そういう人はだいたい深く考えてないからしゃべってすぐ忘れるし、

ゆるしてあげてね。

自分の「好き」を信じてね。

大きな声が出せない

練習すればいつかきんちょうしなくなる

スポーツ選手だって試合に出る前に必ずウォームアップする。

しないと、上手に動かなくなる。

ミュージシャンだってどんなに上手でも練習する。

しないと、楽器とつながらなくなる。

車だってずっと停まってたらエンジンスタートできなくなるもん。

体もそう。長く声を出さないと、出なくなることもおかしくない。

声を出す方法が分からなくなっちゃうぐらい。

おかしくないから、なおすのは簡単。少しずつ声を出してみよう。

声を出して本を読む、好きな音楽を聴いていっしょに歌う。

今度ライブに行ってきゃあああとさけぼう！

試合を見に行っておおおおとさけぼう！

声を出さない環境から、声を出せる環境に行って、

体が自然とひびくようになって、声が出ると思う。

私は声を出せないと思いこまないでね。

ひどい目にあっていた人を
かばえなかった

君がなんで悲しくなったのかよく分からないけど
ぼくはぼくの方法でなぐさめてあげるよ

人のケンカとか、人の問題。自分の問題じゃないのに、その問題に自分を入れて直接関わると、
自分がその問題のひとつの部分になってしまうこともある。

どうしても私関係ある、の問題なら

・自分の位置を意識して動きましょう。
友だちが海にしずんでるところ、自分が海に飛びこんで助けるより、
自分がいる船からロープを投げてあげる方が助かるかも。

・タイミングをみよう。
友だちがだらだら言葉でケンカしてるぐらいの状況なら、自分がその場に入るより、終わったあととか、
時間がたって熱い気持ちが冷めたあととかのタイミングに入る方が助かったりする。

・自分のカルマを認めよう。
友だちふたりがなぐり合って相手を殺そうとしてるところで、
位置とかタイミング考えるどころじゃない！
どうしよう。
そういうときは自分のセンスが、自分のカルマ（持ってる過去の結果）を計算して自動的に動く。
自分がスーパーヒーローみたいにムキムキで、電気ショックガン持ってて、軍隊にいたからそういう
戦いに慣れた過去を持ってる、あるいは警察が職業の自分なら、自動的にその場に入って、「やめろ！」っ
て言って、そのケンカしてるふたりを止めようという結果になったりする。
それがそんな自分のカルマ

でも、自分がそのふたりと関係ない、うでが細いふつうな女の子で、そういうケンカシーンはテレビ
でしか見たことなくて、いま頭が真っ白で体がかたまってなにもできない結果になった。
それもそんな自分のカルマ

自分のカルマを認めようっていうのは、
「私はああすればよかったのに」
「私はあんなことをしてしまった」という後悔はしないこと。
そんな自分だからそれしかできないっていうことを認めよう。

好きな人が、ほかの人を好きみたい

私は君が好き。だから君のすべての気持ちも好き。

Ａ「君が好き」
と
Ｂ「君に私のなってほしいとおりになってほしい」

ＡとＢの違いに気づいてください。

Ａの「君が好き」を思う自分は気持ちいいはず。こまることない気持ち。

「私は君のことこんなに好きなのに、なんで私のこと好きになってくれないの？」
「私は君のこと好きなのに、なんで君はあの人が好きなの？」
これはＢの気持ちで、なってほしいとおりにならない。だからこまるんです。

「好き」なら好きだけでいい。
そっちが自分を好きになってくれるかはそっちの自由。
その人が本当に好きなら、自由にさせて、そっちの好きなようにやらせて。

逆に考えてみよう。
だれかがあなたのこと大好きで、でもあなたはその人のこと好きじゃない。
その人があなたに
「あなたが好きなのになんで私のこと好きになってくれないの」って言ったら
あなたがこまるのと同じで、あなただって自由にさせてもらいたいでしょう。

自分のいやなところばかり
目について落ちこむ

君の自分のいやなところ、
私は好きなんだけどね。

自分は自分のこと一番愛してる。
だからもっといい自分になりたい。
だからいつも悪いところをチェックするんです。
だれにも見えてないのに、自分だけには見える。
まあそれはふつうなことですと分かってください。
問題じゃないです。

でも、「私のこの悪いところ、みんなにもそう見えてるでしょう」っていう
考え方をするのなら、それはやめよう。
まわりの人はいろんな人がいて、いろんな考え方があるから、
みんなが自分と同じ考え方をすると思うのをやめよう。

さて、一番親しい自分、一番自分が好きな自分が
「ここがよくない」と言ってくれたなら、やさしく話してあげよう。
本当によくないところで、なおせそうなところならなおそうか。
その悪いところをなおすのがとても無理だと思うなら、認めていいんじゃない。
だれだって自分の悪いところあるもん。
そして、自分のいいところも見つけて、それも認めて、
自信もってまわりに見せよう。

孤独を感じてしかたがない

波は来る。その波とどうする。

ときどき体のせいで気持ちが変わる。
熱出て気持ち変わったことありますか。

ときどき環境のせいで気持ちが変わる。
天気変わって気持ち変わったことありますか。
海外行って気持ち変わったことありますか。

理由なく、さびしくなることもある。
「理由なく」っていうのは、だれも死んでないし、
いつもと変わらなく遊ぶこともできるのに、ということ。
じつは理由なくないよ　ただ分からない理由があるだけ。
体が理由、町のエネルギーが理由、星が理由、見えない理由がたくさんある。
まずは、自分のせいにしないでください。
「私は急にさびしくなったから　私はダメ」とか
「私の考え方のせいで、急にさびしくなった」とかは、思いこまないでください。
違う理由なのに自分のせいにすると、ただ問題が増えるだけです。

そんな見えない波はだれにも来る。
運動、食べる、映画をみる、会話する、歌う、散歩、休む、深呼吸、瞑想して、
何かに集中することをする。
どうしてもなおらなかったら、認める、待つだけで、勝手に、来る時みたいに勝手
に消えていく。

原因が分かって、波に慣れたら、上手に波と遊べるよ。

あとがき

自分が悪くないのに、「あなたが悪い」と言われたら、いじめられた
感じがするでしょう。じゃあ　自分が悪くないのに「自分が悪い」
と自分に言ったら、自分をいじめたことだね。

この本の中の質問、だいたい「自分が悪い」と思い込んで
自分に問題かけてることが多かった。優しすぎて、みんなの
問題を自分のせいにしてあげちゃうくせで、自分が困っちゃう
ことが多かった。

もしそんな優しかったら、その「悪い自分」を相手にして
許してあげたらどうですか。

僕のアドバイスはただ一人からの意見だけ。自分から自分への
アドバイスも聞いてみてね。

起こったことを許して、みんなを許して、そして自分を許して、
幸せになる自由が待ってるよ。

ウィスット ポンニミット

ウィスット ポンニミット

1976 年、タイのバンコク生まれ。愛称はタム。バンコクで
マンガ家としてデビューし、2003 年から 2006 年まで神戸
に滞在。『ヒーシーイットアクア』により 2009 年文化庁メディ
ア芸術祭マンガ部門奨励賞受賞。現在はバンコクを拠点にマ
ンガ家・アーティストとして作品制作の傍ら、アニメーショ
ン制作・音楽活動など多方面で活躍する。主な作品に「マム
アン」シリーズ、『ブランコ』（小学館）、「ヒーシーイット」
シリーズ（ナナロク社）、ロックバンド くるりの楽曲「琥珀
色の街、上海蟹の朝」のミュージックビデオ、雑誌「ビッグ
イシュー日本版」での連載をまとめた『マムアンちゃん』（ク
ラウドファンディングによる刊行）、『ハッピーマムアン』
（ハーパーコリンズ・ジャパン）などがある。

2020 年 11 月 30 日　第 1 刷発行

文・絵 ● ウィスット ポンニミット
発行者 ● 岩崎弘明
発行所 ● 株式会社 岩崎書店
〒 112-0005 東京都文京区水道 1-9-2
TEL 03-3812-9131（営業）　03-3813-5526（編集）　振替 00170-5-96822
印刷 ● 株式会社 光陽メディア
製本 ● 株式会社 若林製本工場
協力 ● 木村和博
デザイン ● 椎名麻美
編集 ● 吉岡雅子

Text and Illustrations ©Wisut Ponnimit 2020　Published by IWASAKI Publishing Co., Ltd.
Printed in Japan　NDC113　19×19 cm　ISBN978-4-265-85177-5
岩崎書店ホームページ　https://www.iwasakishoten.co.jp
ご意見、ご感想をお寄せ下さい。info@iwasakishoten.co.jp
乱丁本、落丁本は小社負担にてお取り替え致します。